Pequeñas Estrellas

El surf de nieve de las pequeñas estrellas

Un libro de El Semillero de Crabtree

Buffy Silverman y Pablo de la Vega

CRABTREE
PUBLISHING COMPANY
WWW.CRABTREEBOOKS.COM

¡Me encanta subirme a la **tabla de surf de nieve**!

Aseguro las botas usando las **fijaciones**.

Mis pantalones de nieve, chaqueta y guantes evitan que me enfríe.

Mi **casco** y mis **gafas de seguridad** evitan que me lastime.

Me pongo unas **muñequeras** debajo de los guantes.

ROSSIGNOL

Subimos a la punta de la colina en una telesilla.

Flexionamos las rodillas y nos deslizamos sobre la nieve.

Nos inclinamos sobre los talones y mantenemos el **equilibrio**.

Aprendemos a girar y detenernos.

¡Mira cómo salto y aterrizo!

Glosario

casco: Un casco cubre la cabeza y la protege contra posibles heridas.

equilibrio: El equilibrio es la habilidad para permanecer de pie en una tabla de surf de nieve sin caerse.

fijaciones: Las fijaciones están unidas a la tabla de surf de nieve y sujetan las botas para que no se separen de la tabla.

gafas de seguridad: Las gafas de seguridad son unos lentes grandes que protegen a los ojos del viento y la nieve.

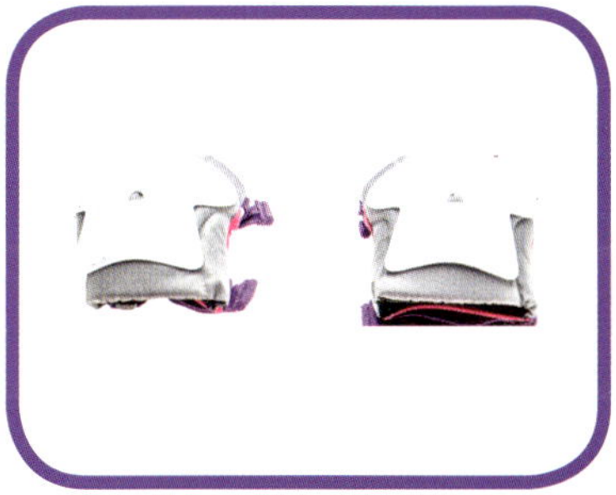

muñequeras: Las muñequeras cubren las muñecas y las protegen de posibles heridas en caso de que la persona se caiga mientras surfea.

tabla de surf de nieve: Una tabla de surf de nieve es una tabla que parece un esquí ancho y que sirve para deslizarse sobre la nieve.

Índice analítico

Apoyos de la escuela a los hogares para cuidadores y maestros

Los libros de El Semillero de Crabtree ayudan a los niños a crecer al permitirles practicar la lectura. Las siguientes son algunas preguntas de guía que ayudan a los lectores a construir sus habilidades de comprensión. Algunas posibles respuestas están incluidas.

Antes de leer:

- **¿De qué piensas que tratará este libro?** Pienso que este libro tratará sobre el surf de nieve. Quizá nos enseñará cómo aprenden los niños a hacer surf de nieve.
- **¿Qué quiero aprender sobre este tema?** Quiero saber qué movimientos tiene el surf de nieve. También me pregunto qué ropa usan los surfistas de nieve.

Durante la lectura:

- **Me pregunto por qué...** Me pregunto por qué los surfistas de nieve se inclinan sobre sus talones.
- **¿Qué he aprendido hasta ahora?** ¡Aprendí que los surfistas de nieve giran, se detienen, saltan y aterrizan! También aprendí que usan pantalones de nieve, chaquetas y guantes.

Después de leer:

- **¿Qué detalles aprendí de este tema?** Aprendí que los surfistas de nieve usan cascos, gafas de seguridad y muñequeras para protegerse.
- **Lee el libro de nuevo y busca las palabras del vocabulario.** Veo la palabra *fijaciones* en la página 4 y la palabra *equilibrio* en la página 16. Las otras palabras del vocabulario están en las páginas 22 y 23.

Library and Archives Canada Cataloguing in Publication

Title: El surf de nieve de las pequeñas estrellas / Buffy Silverman y Pablo de la Vega.
Other titles: Little stars snowboarding. Spanish
Names: Silverman, Buffy, author. | Vega, Pablo de la, translator.
Description: Series statement: Pequeñas estrellas | Translation of: Little stars snowboarding. | Translated by Pablo de la Vega. | "Un libro de el semillero de Crabtree". | Includes index. | Text in Spanish.
Identifiers: Canadiana (print) 20210097787 | Canadiana (ebook) 20210097795 | ISBN 9781427131690 (hardcover) | ISBN 9781427131874 (softcover) | ISBN 9781427132048 (HTML) | ISBN 9781427136091 (read-along ebook)
Subjects: LCSH: Snowboarding—Juvenile literature.
Classification: LCC GV857.S57 .S5518 2021 | DDC j796.939—dc23

Library of Congress Cataloging-in-Publication Data

CIP available at the Library of Congress

Crabtree Publishing Company
www.crabtreebooks.com 1–800–387–7650

Written by Buffy Silverman
Production coordinator and Prepress technician: Samara Parent
Print coordinator: Katherine Berti
Translation to Spanish: Pablo de la Vega
Edition in Spanish: Base Tres

Print book version produced jointly with Blue Door Education in 2021

Printed in the U.S.A./022021/CG20201215

Photo credits: Cover © Becky Wass; page 3 © Olya Lytvyn; page 4 © Sergiy Bykhunenko, page 5 © Ahturner; page 7 © Becky Wass; page 8 © Ahturner; page 10 © Mehmet Cetin, 11 © Liukov; page 13 © Crystal Kirk; page 14 © Svetlana Larina; page 17 © Alena Kuzmina; page 18 © Becky Wass; page 21 © Becky Wass
All photos from Shutterstock.com

Published in Canada
Crabtree Publishing
616 Welland Ave.
St. Catharines, Ontario
L2M 5V6

Published in the United States
Crabtree Publishing
347 Fifth Ave.
Suite 1402-145
New York, NY 10016

Published in the United Kingdom
Crabtree Publishing
Maritime House
Basin Road North, Hove
BN41 1WR

Published in Australia
Crabtree Publishing
Unit 3 – 5 Currumbin Court
Capalaba
QLD 4157